凡才のあなたも日本一になれる

～マスターズ陸上競技の楽しみ～

齋藤 衛
Saito Mamoru

風詠社

目次

装幀　2DAY

はじめに

オリンピックの中心競技のひとつになっている陸上競技は古代から行われ、当時は成人男性の競技でしたが近代には女性も参加できるようになり、現在は男女高齢者の競技大会も行われています。陸上競技は「走る」「跳ぶ」「投げる」という素朴で基本的なスポーツとして、あまりお金をかけずにすべての人が楽しめます。

中高齢者は「マスターズ」陸上競技大会に参加できます。陸上競技では、若者は年々自己記録の更新を目指しますが、高齢者の場合は年齢の進行による競技記録の低下は避けられません。世界マスターズ陸上競技連盟では、年齢別の世界記録をもとに世界最高水準記録表を作って公表しており、インターネットで見ることができます。これにより種目別に、年齢ごとの世界最高記録と年齢の進行による競技記録低下の世界水準を知ることができます。

マスターズ陸上の競技者はこの表を使って、自分の競技記録が世界でどんな評価値（100点満点での点数）にあるかを算出できます。自己記録は年々低下してもこの点数が同じなら、あなたは世界水準で老化していることになります。これは立派なことですが、中高齢競技者はさらなる目標として、老化度を世界水準より小さくして「年齢別評価値の自己新記録」を目指すことができます。

わたしは学生時代に陸上競技を少しやりましたが平凡な成績しか残せず、その後何のスポーツもせずに過ごしました。サラリーマンを退職後いろいろな経緯があって80歳になってからマスターズ陸上競技にチャレンジすることになり、6年後にはついに世界新記録を達成しました。凡才ながら、老化度を世界水準よりも小さくすること（アンチエイジング）に成功したためです。

何か特別な努力をしたと思われるかもしれませんが、トレーニングは3日に1回最長2時間程度で1カ月にすれば20時間以内です。これだけの運動量で高齢者の筋肉や心肺機能は発達し維持され、スポーツや健康な生活ができる場合があることがわかりました。とはいえ、生活習慣やトレーニングの方法についての工夫や心がけは必要です。ここに記したわたしの経験は、マスターズ陸上競技を現在されている方、いつかは参加してみたい方、高齢者の健康について関心のある方の参考になると思います。健康寿命を伸ばすことは高齢者の福祉のみならず、人類全体の関心事になっています。

ところで、宇宙飛行士が宇宙に長期滞在したときに身体機能の弱化（老化現象）が現れますが、この機能回復の課題に取り組む太田敏子さん（筑波大学名誉教授）に寄稿をいただき、「おわりに」のあとに載せました。高齢者の体力機能の維持を考えるうえで参考になります。

２０２３年（令和５年）５月

第1章
マスターズ陸上競技

「マスターズ」と聞けば多くのひとはゴルフのマスターズ大会を思い浮かべますが、陸上競技にもマスターズ全日本選手権大会や都道府県ごとに競技大会や競技連盟があるのです。

日本のゴルフ人口は2020年時点で580万人と推定されています。この多くのゴルフ愛好者に注目されてゴルフの選手や各種大会はスポーツ紙などマスメディアに日常的に取り上げられ、またゴルフ用品の製造販売やゴルフ場経営などの関連事業は経済活動の一環になっています。

一方、陸上競技のマスターズは2019年に「日本マスターズ陸上競技連合」発足40周年を迎えましたが、この時点で登録会員数は1万2000人余りです。誰でも会員になれ競技大会に参加できるというオープンな集まりですが、この程度の普及度です。マスメディアで話題になることもほとんどありません。敬老の日の前後に、「元気なお年

男子走り幅跳びM85

斎藤（前橋）世界新

男子走り幅跳びM85（85～89歳）に出場し、3㍍80で世界記録を更新した斎藤＝Ｙｏｋｏｗｏ富岡市民陸上競技場

マスターズ陸上

陸上の第36回富岡マスターズ記録会が3日、Ｙｏｋｏｗｏ富岡市民陸上競技場で開かれ、男子走り幅跳びM85（85～89歳）のクラスに出場した斎藤衛（前橋）が世界記録の3㍍77を3㌢上回る3㍍80を跳び、記録を更新した。今後、日本マスターズ陸上競技連合を経て、世界マスターズに申請する。

斎藤はこの日、1回目の試技で3㍍80を記録。5月には3㍍75を出しており、「助走と踏み切りがピタッと合えば、このくらいは跳べると思っていた」と冷静に振り返った。

佐波農高（現伊勢崎興陽高）時代にも走り幅跳びで活躍。北大卒業後は京大教授などを務め、定年後、古里である本県に戻ってきた。知人の勧めもあり、80歳から大会に出始め、自宅の畑に砂場を作るなど地道に練習を重ねてきた。競技を再開し、5年で世界記録を更新した。

今後について、斎藤は「マスターズをこれから始める人に向けて本を出版するつもり」と競技にとどまることのない意欲を見せた。（丸山朱理）

出場するなど向上心は尽きない。

小学6年生で走り幅跳びを始めて、前橋高や東京学芸大時代は全国大会にも出場した。社会人になると競技から離れる選手が多い中で、「自分が楽しんてからも競技を続けている。

この日は教え子の陸上部員も応援に駆け付けており、「少しは良いところを見せられたかな」とはにかんだ。（吉野友淳）

寄りがいます」と高齢競技者が新聞やテレビの地方版で紹介されるくらいです。まれに、世界記録をつくった高齢の陸上競技者がいると報道されることもあります。

写真はわたしが世界新記録をだしたときの紙面です（２０２２年7月4日上毛新聞）。わたしのゼッケン（ビブス）番号１０‐１５３２はマスターズ陸上競技者のマイナンバーです。１０は所属する県の番号で、都道府県対抗駅伝や高校駅伝などで使っている番号と同じです。１５３２はその県のメンバーの通し番号で男女別はありません。わたしの次の１５３３番は若い女性アスリートです。

知人の陸上競技連盟役員の話ですが、中学校、高校、大学、実業団などの各種陸上競技連盟の中でマスターズ陸上が一番貧乏だそうです。マスターズ陸上競技連盟は会員と役員がほぼ手弁当で競技大会などの運営をしており、ｔｏｔｏくじ助成金を少し受けてはいますがアマチュア精神に徹しているスポーツ団体ということになります。全日本選手権大会などでは金銀銅のメダルが授与されますが、これらの大会では参加料が割高になっていて、メダルは参加者から勝者へのプレゼントとなっています。

ゴルフ競技は男女の別があるくらいで1つの競技ですが、陸上競技は（複合競技を除いて）トラック競技とフィールド競技で男性29種目、女性27種目があり、さらにマスターズ陸上競技特有の制度として5歳刻みの年齢によるクラス分けがあります。例えば、70歳から74歳までを1クラスとし、男性はM70、女性はW70とクラスを表記します。同じ種目年齢クラスの競技者は全国で数えてもわずかです。その中で少し努力すれば日本一になれるのです。またこの年齢別クラス分け制によって競技者は5年ごとに若返るので、元気に練習を続け競技会に参加することができる限りは、日本一になる可能性はいつまでもあるのです。

マスターズ陸上競技のもうひとつの特徴として、多くの競技会では競技者は2種目か3種目しか参加できない点があります。競技には誰でも参加できるので、種目ごとの参加者が多くなりすぎるのを防ぐためもあるでしょうし、また普段あまり練習をしていない参加者の負担を重くしたくないという関係者の老婆心?もあると思います。その結果、とても強いひとがいても大会の多種目で優勝することはできず、そのぶん1位（優勝）で喜ぶ人が多くなるようになっています。マスターズ陸上競技では毎年300人以上の日本一が誕生します。

マスターズ陸上競技で「凡才のあなたも日本一になれる」可能性が高いのは競技クラスが多いことと競技者の数が少ないことが一面ですが、しかしその中でも1番になるには「高齢者の運動能力を伸ばし維持する方法（アンチエイジング）」を見つけなければなりません。実はこのことが本書の主題になります。

現在マスターズ陸上競技に参加しているひとは最大1万2000人です。一方、小学校から大学までにクラブ活動で陸上競技部に参加した経験者は100万人以上いると推定されますし、陸上競技者を束ねる日本陸上競技連盟の登録者は約40万人です。日本でジョギングやマラソンを楽しんでいる人はなんと1000万人もいると推定されています。このような陸上競技経験者層の厚さがある中で、人生100年時代に向かうこれからは、マスターズ陸上を楽しむひとが増えることが期待できます。

なお、マスターズ陸上競技大会の競技者は「選手」ではありません。つまり何かの団体を代表しているわけでなく、個人としての参加になります。また日本ではすべての競技会でトラック競技はタイムレースでいきなり決勝です。跳躍競技、投擲競技でも、だれでもいきなり決勝に参加できます。

マスターズ陸上競技大会は全国各地で毎年およそ150回行われています。登録会員は全国どの都道府県の大会にも参加できます。旅行好きの人は各地の観光もかねて競技大会巡りをするのも楽しみです。

国際競技大会も毎年行われています。主な大会は世界選手権大会とアジア選手権大会です。国内の競技会に出場できるひとはだれでもこれらの国際大会に参加することができます。

コラム　天才と凡才

わたしの中学時代同学年のＨ君は、テニス、野球などスポーツ全般で飛びぬけて優秀で、市内の中学陸上競技大会には学校代表として出場し短距離走で余裕の１位でした。彼と１００メートルを一緒に走ったことがありますが、彼の背中がどんどん遠くなってしまった記憶があります。Ｈ君は高校から競輪のプロ選手となって全日本選手権大会に出場するまでになり、60歳過ぎまでプロ選手として活躍しました。

県下には同学年でＨ君よりさらに速いＮ君という選手がいました。Ｎ君は高校卒業後、プロ野球の選手となり首位打者や盗塁王に輝く活躍をみせました。

この２人のように運動競技やスポーツを職業として、生涯分の生活費を稼ぎだせたひと、あるいはオリンピックや世界大会など大きな国際大会で入賞したひとを運動能力の天才とすれば、その割合は１万人中の数人でしょう。わたしたち大部分は、運動能力については凡才であり天才の足元にも及びません。生まれながらにして運動能力の違いは歴然としています。

それでも多くの若者たちがスポーツに励むのは、スポーツによって自己能力の開発に喜びを感じ、仲間と協力することの大切さを学び、競争相手を尊敬することを学べる人間らしい活動だからでしょう。

多くの場合、スポーツの「天才」は活動期にそのほとんどの精力を使い果たしてしまうので、高齢者のスポーツ大会であるマスターズ陸上競技大会では「凡才」にも活躍の出番が廻ってきます。

第2章
高齢者の競技能力の低下は加速する

　マスターズ陸上競技大会は、当初「中高齢者」陸上競技大会の名称で発足したように高齢者が参加できるのが特長です。わたしは79歳でようやく走れるような身体になり、80歳でマスターズ陸上競技大会に初めて参加しました。こんな高齢になってから走れるようになった事情は第５章で説明します。

　日本マスターズ陸上競技連合会長（２０２０年）の鴻池清司氏は日本でのマスターズ陸上競技の開拓者ですが、40年以上の長きにわたり80歳を過ぎてもなお現役の競技者としても活躍しておられます。他の多くの競技者も20年間、30年間とマスターズ陸上競技の大会に出場しています。しかし、80歳あたりを境にこれまで活躍してきた人たちの多くが引退していることも事実です。表１に日本マスターズ陸上競技連合の登録者（２０１８年）の年齢別分布を、40歳から99歳までを年齢幅ごとに示しています（２０１８年、日本マスターズ陸上競技連合会報37号）。変化率は前歳代との比（％）です。39歳以下

表1　日本マスターズ陸上競技連合登録者の年齢分布（2018年）

年齢幅	男		女	
	人数	変化率（%）	人数	変化率（%）
40歳代	2,040		432	
50歳代	2,272	114.4	500	115.7
60歳代	2,128	93.7	350	70.0
70歳代	1,760	82.7	211	60.3
80歳代	852	48.4	92	43.6
90歳代	97	11.4	10	10.9

は省略しています。

登録者数は男女とも50歳代をピークにその後は年齢とともに減少しています。男性は70歳代までの減少は比較的緩やかですが80歳代からは急激です。女性ではすでに60歳代からやや急な減少がみられます。男女とも80歳代での登録者数は70歳代の半分以下になっています。90歳まで残れるひとはほんのわずか数えるほどになります。

一方、国内のマスターズ陸上競技大会での上位記録をみると、50歳から70歳代までは年齢とともに記録はゆっくりと低下するのですが、80歳ころを境にして急激に低下しています。尚絅学院大学の日野美代子、大下健幸両氏は、高齢者の陸上競技の記録が年齢とともにどのように低下するかを調べました（論文タイトル「マスターズ陸上競技記録からみたヒトの老化」）。

表２　年齢による競技記録の低下

（2011-2015 年　日野、大下論文より作成）

年齢幅	競技種目			
	男性 100メートル走		男性走り幅跳び	
	低下度（秒 / 年）	低下度比	低下度（メートル / 年）	低下度比
① 35-60 歳	0.0637	1.00	0.0650	1.00
② 60-75 歳	0.1234	1.94	0.0742	1.14
③ 75-85 歳	0.2118	3.32	0.1087	1.67
④ 80-90 歳	0.5147	8.08	0.1711	2.63

データは２０１１年からの５年分の全日本マスターズ陸上競技選手権で男性60メートル、１００メートル、１５００メートル競走と走り幅跳びの上位６位までの入賞者の競技記録です。統計的に有意な結果がでるように参加者数の多い種目を選んでいます。

４種目とも、年齢幅を①35歳から60歳、②60歳から75歳、③75歳から85歳、④80歳から90歳の４つに分け、この年齢幅の中では年齢とともに競技記録の「直線的低下」傾向がみられ、かつ低下率（直線の傾き）は高齢になるほど大きくなることを見出しました。ここでは１００メートル走と走り幅跳びの結果を表２に示します。低下度比は①35～60歳での低下度を基準にしています。

論文では、競技記録の低下度を「老化度」としています。老化度は年齢とともに加速度的にすすんでいることが表２からわかります。老化は年齢とともに坂を転げる石のようにどんどん速くなります。

表2では100メートル走は走り幅跳びに比べて老化度は急激です。男性100メートル走で①35歳から60歳では10年で0・637秒の低下ですが、④80歳から90歳では同じ10年でなんと5・1秒も遅くなります。80歳のとき100メートルを16秒で走れた競技者は90歳では21秒もかかることになります。

マスターズ陸上競技連合の登録者数（表1）は年齢とともに急激に落ち込んでいましたが、これは老化度の急激な進行（表2）と相関していることになります。マスターズ陸上は生き残り競争だ、と聞いていましたがまさにその様相です。

わたしが80歳でマスターズ陸上競技大会に初めて参加した時、心配した妻が付き添いで来場しましたが、60メートル競走を見ての感想は「結局、歳の順なのね」でした。インコースから若い順に並んでスタートする高齢者のレースでは、ほぼインコースから順にゴールインしていました。

第3章 マスターズ陸上競技者はＡＰ値の自己新記録を目指す

世界マスターズ陸上競技連盟（ＷＭＡ）は、各競技種目について男女ごと各年齢での世界記録を基準にして年齢ごとの世界最高水準記録表を設定しています。２０１０年の改訂版から、男性の１００ｍ《メートル》走と走り幅跳びについて70歳から90歳までの記録と年齢の進行による低下度を表３に示しました。

１００ｍ《メートル》走は低下度が年齢とともに少しずつ大きくなり、70歳で０・15秒／年だったのが90歳では０・32秒／年と2倍強になります。国内での場合（表2）より低下度はやや緩やかですが、年齢とともに加速する傾向は同じです。ここで注目したいのは80歳から90歳までの低下度です。世界水準が０・21から０・32秒／年なのに対し国内（表2）では０・51秒／年とおよそ倍になっています。この年齢層での１００ｍ《メートル》走の国内記録はもっとよくなる余地があることを示していました。実際、その後（２０１５年以降）１００ｍ《メートル》走では、Ｍ80クラスの中村勝利さん、Ｍ85クラスの石田保之さんと田中博男さん、

M90クラスの田中博男さんによる４つの世界新記録が樹立され（第４章）、M80からM90までの１００メートル走の国内レベルの向上が示されました。

表３で、走り幅跳びは70歳から80歳まで１年あたり約９センチの低下距離を保ち（記録は直線的に減少する）、81歳から85歳まではやや増大して１年あたり11センチ、85歳から90歳では１年あたり17センチとなり１００メートル走と同じく低下度は年齢とともに加速しています。90歳では70歳から80歳のおよその約２倍になっているのも１００メートル走と同じです。走り幅跳びの低下度の年齢による推移は国内での傾向とほぼ同じであり、当時（２０１１－２０１５年）の国内での男性走り幅跳びは世界レベルにあったことに対応しています。

陸上競技では、若者は自己記録の更新を目指してトレーニングに励みます。しかし表２、３のように高齢者の場合は、年齢とともに競技記録の低下がどんどん進むのは自然（不可避）なことです。表３に示した世界最高水準記録は男性の１００メートル走と走り幅跳びでの現在の人類の到達点ですが、ほかの男女種目についても同様の表（データ）が示されています。高齢競技者は自分の競技記録が年齢とともに低下することは受け入れざるを得ませんが、その低下度を表３の世界基準値よりも小さくすることを目標にしてト

表３　世界最高水準記録とその年齢での低下度（2010 年）

	男性 100メートル走		男性走り幅跳び	
年齢	記録（秒）	低下度（秒／年）	記録（メートル）	低下度（メートル／年）
70	12.42		5.29	
71	12.57	0.15	5.19	0.10
72	12.72	0.15	5.10	0.09
73	12.88	0.16	5.01	0.09
74	13.04	0.16	4.92	0.09
75	13.20	0.16	4.83	0.09
76	13.39	0.19	4.73	0.10
77	13.58	0.19	4.64	0.09
78	13.78	0.20	4.55	0.09
79	13.99	0.21	4.46	0.09
80	14.20	0.21	4.36	0.10
81	14.44	0.24	4.25	0.11
82	14.69	0.25	4.14	0.11
83	14.95	0.26	4.03	0.11
84	15.22	0.27	3.91	0.12
85	15.50	0.28	3.80	0.11
86	15.78	0.28	3.63	0.17
87	16.07	0.29	3.46	0.17
88	16.37	0.30	3.28	0.18
89	16.68	0.31	3.11	0.17
90	17.00	0.32	2.94	0.17

レーニングに励むことができます。

自分の記録が世界レベルのどの辺にあるかは次のように診断することができます。パソコンで「WMA Age grading calculator」を検索し、競技種目、年齢、性別、記録を打ち込んで Age grade, Result を押すと Age performance が%（１００点満点）で表示されます。この点数をここでは年齢別評価値（ＡＰ値）と記します。ＡＰ値が１００点以上なら記録は世界記録レベル、90点以上なら世界レベル、80点以上なら全国レベルとされています。

あなたが70歳の時１００メートル走を15秒０で走れたとします。このＡＰ値は82・８で全国レベルです。年齢とともに競技記録そのものは低下しますが、このＡＰ値が維持できれば、あなたの老化度は世界水準で進んでいることになり、まず安心ということになります。ＡＰ値を少しでも上げること（アンチエイジング）を目標にトレーニングに励み、その結果80歳になって１００メートルを16秒０で走れたなら、記録は１秒低下しましたが、ＡＰ値は88・75となり約６ポイント上昇したことになります。さらに90歳で17秒０で走れたならば、そのＡＰ値はなんと１００であり世界記録レベルです（表３）。

具体例として、Ｍ85とＭ90の世界記録保持者である田中博男さんの１００メートル走があります（表5、6参照）。田中さんがマスターズ陸上競技大会に初めて参加した60歳での記録は15秒6だったそうです。このＡＰ値は75・0です。それから練習を重ね20年後の80歳では、14秒56（ＡＰ値97・33）とＡＰ値を20ポイント以上伸ばし世界記録レベルに達しました。その後さらに進化を続け、86歳でＡＰ値１０４・64に相当する15秒08というとんでもない記録をだし、90歳では16秒69（ＡＰ値１０１・86）と世界記録を更新しました。田中さんの体験にはアンチエイジングの神髄があるに違いありません。

アンチエイジング効果は肺活量や血圧とか血液検査で計測されるいろいろな数値などによって判定されるべきなのでしょうが、マスターズ陸上競技者の場合は単純に年齢による記録の低下度（老化度）が世界標準よりも小さくなっていれば、つまりＡＰ値が大きくなっていれば、効果は表れているとしてよいと思います。どんなトレーニングをすればアンチエイジング効果が表れるのか、それが問題なのですが。

ＡＰ値は、競技大会の競技レベルの指標としても使うことができます。ある大会の１００㍍《メートル》競走の結果、Ｍ70、Ｍ75、Ｍ80、Ｍ85の４クラスでそれぞれの一着は、71歳13秒67、77歳14秒56、81歳16秒06、89歳18秒75でした。これらの優勝者のＡＰ値は、それぞれ91・96／93・27／89・94／82・67であり、一番レベルの高かったのはＭ75クラス、低かったのはＭ85クラスだったことがわかります。

わたしがマスターズ陸上競技大会で出場したのは、短距離競走の60メートルと１００メートル、ジャンプの走り幅跳び、三段跳びと立五段跳びです。表４は、わたしの各年齢での走り幅跳び、三段跳び、および60メートル走のベスト記録とそのＡＰ値です。立五段跳びはＡＰ値が設定されていないので省略しました。また、１００メートル走は84歳と85歳に１回ずつ走っただけなので表にはしませんでした。80歳時は体力がまだついておらず三段跳びは81歳からはじめました。

83歳から85歳はコロナ禍中にあり特に83歳（２０２０年）ではすべての大会が中止になり記録を残せませんでした。この後もコロナ禍は続きましたが、いくつかの競技会が関係者の努力により開催されるようになり、わたしも出場することができ記録を残すことができました。

表４で注目していただきたいのはＡＰ値です。走り幅跳びと三段跳びでは最初の80歳、81歳では80点台前半だったのに、４年間で10ポイント以上伸びました。85歳では、走り

表４　わたしの各年齢でのベスト記録（2017–2022 年）

年齢	クラス	走り幅跳び		三段跳び		60メートル	
		記録	AP 値	記録	AP 値	記録	AP 値
80	M80	3メートル68	84.32	なし		9 秒 89	91.0
81	M80	3メートル77	88.67	7メートル20	81.36	9 秒 76	93.38
82	M80	3メートル81	92.06	7メートル46	86.24	なし	
83	なし						
84	M80	3メートル62	92.51	7メートル70	93.33	10 秒15	93.34
85	M85	3メートル83	100.79	7メートル61	94.53	9 秒 99	96.10

幅跳びはついにM85クラスの世界新記録（ＡＰ値100・79）に達しました。

走り幅跳びの記録は80歳で3メートル68だったので、表3の世界水準の低下度なら85歳では55センチ下がって3メートル13ですが、実際はそれよりも70センチも伸びた記録となっています。

高齢でもトレーニングによって筋力が付き運動能力が向上したことを示しています。筋力強化の初期効果と全身のアンチエイジング効果の相乗の結果だったと思います。なおこの世界記録更新は16年ぶりで、これまでの記録を6センチ上まわりました。

日本マスターズ陸上競技連合では、各地での競技大会の成績からその年の国内ランキングを決めています。わたしの走り幅跳びの表４の５つの記録はすべてランキング1位でした。走り幅跳びの81歳での記録は全日本選手権大会（2018年　鳥取）、82歳と84歳の記録は関東選手権大会（2019年　東京、2021年　熊谷）、85歳は県選手権大会（2022年　前橋）でそれぞれ優勝した時のものです。80歳の場合のように、AP値が84点でもランキング日本一になれることがあります。

世界マスターズ陸上競技連盟でも年間世界ランキングを発表しています（WMA rankings で検索）。世界ランキングは、各年齢クラス内での競技記録の順位であってAP値は順位に関係ありません。

2022年の世界ランキングでは、わたしの走り幅跳び3メートル83（AP100・79）はM85クラスのランキング第1位、100メートル走16秒69（AP92・87）は意外にもランキング第3位でした。ところが、60メートル走の9秒99（AP96・10）と三段跳びの7メートル61（AP94・53）はいずれもM85クラスのランキング第1位相当の記録にもかかわらず載っていません。これらの記録はそれぞれ埼玉記録会と富岡記録会でだしたものです（表7）。世界ランキングでは「記録会」での競技記録は採用していないようです。ただしその記録が、岩永義次さん（表6）のように世界新記録なら採用しています。岩永さんはこれらの記録を佐賀記録会でだしています。世界ランキングの作成過程がどのようになっているのかわかりません。いずれにせよ、わたしの１００ｍ《メートル》走のようにＡＰ値が90点台前半でも世界ランキングの上位に入ることがあります。

コラム

わたしは凡才です

わたしが学生時代を過ごした大学の陸上競技部は日本で最初に運動会を始めたという伝統を引き継ぐ由緒あるクラブでしたが、部活動には栄枯盛衰があり、わたしが在籍した頃はクラブの歴史でどん底にあったようです。部員が10人もグランドに来ていればよいほうで、監督もコーチもいなかったのですが、部員たちは先輩後輩の区別なく楽しく走り、跳び、投げていました。いろいろな学年、学部の友達もでき、陸上競技は楽しいという想い出が残っていました。

その陸上競技部の１００年の伝統の中では、10年にひとりくらいの頻度で全日本クラスの選手がでています。１００年間の部活動の記録は保存されており、各種目の歴代20傑が一覧表となって年１回発行のクラブ会誌に載るのですが、わたしの名前はとうの昔にその一覧表から消えていました。すなわち、わたしは陸上競技に関しては自他ともに認める凡才です。

想い出すと、あの４００メートルのグランドは不思議な空間でした。周囲にフェンスはなく出入り自由で、陸上競技部のない高校の生徒や社会人の一流選手がそれぞれ個人で練習していました。誰かの許可を得ているとは思えませんでした。グランドが大学の授業に使われているのを見たことがありません。グランドの草は牛が食べているらしく、練習を始める前に牛の糞がある場所を確認しなければなりませんでした。

第4章
世界記録・日本記録への挑戦者たち

日本は世界の長寿国だけあって、世界のマスターズ陸上競技の歴史の中で、男女とも高年齢クラスの各種目で世界新記録を樹立したひとたちがたくさんいます。2009年から2019年の間に日本人のマスターズ競技者によってだされた世界記録を次の表5にしました。データはマスターズ陸上競技連合創立40周年記念誌とインターネットからの情報によっていますが、収集に不完全なところがあるかもしれません。ロード競技、複合競技、室内競技、リレー競技は省略しました。

同じ種目同じクラスで世界新記録をひとりで複数回だしているひとが何人かいますがこの場合は、上位の記録を記載しています。

2009年から2019年までの11年間に、世界記録を更新した日本人競技者は14人で男女7人ずつです。中野陽子さんはひとりで6回（3種目）、宮内義光さんは7回（3種目）と大活躍でした。種目別では、トラック競技が圧倒的に多く26回です。

年齢別では、男性はすべて80歳以上、女性でも70歳以上が多くそれより若い年齢は２人となっています。宮崎秀吉さんはなんと１０５歳で１００メートルと砲丸投げで人類初の記録を残しギネスワールドレコードとして登録されました。

男性中長距離では宮内義光さんと亀濱敏夫さんが同じくらいの年齢で２強、短距離では田中博男さん、泥谷（ひじや）久光さん、石田保之さんが３強でした。これらのひとたちの対決レースはあったのでしょうか。

２０１９年末に始まったコロナ禍によって、２０２０年と２０２１年のマスターズ陸上競技の大きな大会はすべて中止になりました。しかしローカルな大会は全国でいくつか開催され、２０２２年には全日本選手権大会以外はほぼ実施されるようになり、コロナ禍の中でも３年間で表６のように８人の競技者により12の世界新記録が生まれました。このうちの３人、大日向暁子さん、田中博男さん、亀濱敏夫さんは２０１０－２０１７年にも世界新記録をつくっています（表５）。あとの５人は新顔です。三段跳びの大日向さんはこれでW45からW70までの６クラスの世界記録をつくったことになります。

コロナ禍を跳ね返してマスターズ陸上競技参加者は頑張りました。

表５　日本人による世界新記録（2009 年−2019 年）

年	名前	年齢	所属連盟	クラス	種目	記録
2009	宮内　義光	85	鹿児島	M85	1500㍍	6 分 51 秒 32
	山本　翠	75	兵庫	W75	棒高跳び	2㍍ 00
2010	石神　三郎	80	鹿児島	M80	走り幅跳び	4㍍ 36
	宮内　義光	85	鹿児島	M85	800㍍	3 分 18 秒 85
	大日向暁子	60	長野	W60	三段跳び	11㍍ 04
2011	田中　博男	80	青森	M80	200㍍	30 秒 63
	長谷川政子	85	愛知	W85	走り幅跳び	2㍍ 54
2012	泥谷　久光	81	宮崎	M80	200㍍	29 秒 54
	中野　陽子	76	東京	W75	800㍍	3 分 20 秒 79
				W75	3000㍍	13 分 55 秒 58
2013	中野　陽子	77	東京	W75	5000㍍	24 分 03 秒 90
	守田　滿	90	熊本	W90	100㍍	23 秒 15
					200㍍	55 秒 62
2014	宮内 義光	90	鹿児島	M90	800㍍	3 分 50 秒 25
					1500㍍	8 分 07 秒 09
					5000㍍	29 分 59 秒 94
2015	宮崎　秀吉	105	京都	M105	100㍍	42 秒 22
					砲丸投げ	3㍍ 25
	亀濱　敏夫	90	沖縄	M90	800㍍	3 分 39 秒 07
					1500㍍	7 分 37 秒 08
	石田　保之	85	栃木	M85	100㍍	15 秒 91
	大日向暁子	65	長野	W65	三段跳び	9㍍ 81
2016	泥谷　久光	85	宮崎	M85	100㍍	15 秒 68
					200㍍	31 秒 69
	亀濱　敏夫	90	沖縄	M90	400㍍	1 分 33 秒 99

2017	田中　博男	86	青森	M85	100メートル	15 秒 08
	中野　陽子	81	東京	W80	3000メートル	14 分 27 秒 49
2018	中野　陽子	82	東京	W80	800メートル	3 分 30 秒 41
					5000メートル	25 分 40 秒 14
	鈴木　昌子	72	静岡	W70	やり投げ	29メートル 03
	早狩　実紀	46	京都	W45	2000メートル SC	6 分 51 秒 51
2019	宮内　義光	95	鹿児島	M95	800メートル	5 分 02 秒 72
					1500メートル	10 分 10 秒 88

表 6　コロナ禍の中での世界新記録（2020-2022）

年	名前	年齢	所属連盟	クラス	種目	記録
2020	岩永　義次	60	佐賀	M60	3000メートル	9 分 21 秒 38
					5000メートル	15 分 56 秒 41
					10000メートル	33 分 39 秒 52
	弓削田真理子	62	埼玉	W60	10000メートル	37 分 57 秒 95
2021	大日向暁子	71	長野	W70	三段跳び	8メートル 98
	田中　博男	90	青森	M90	100メートル	16 秒 69
					200メートル	36 秒 02
	齋藤恵美子	90	東京	W90	100メートル	21 秒 25
2022	齋藤恵美子	91	東京	W90	200メートル	53 秒 35
	齋藤　衛	85	群馬	M85	走り幅跳び	3メートル 83
	中村　勝利	80	大分	M80	100メートル	14 秒 24
	亀濱　敏夫	96	沖縄	M95	200メートル	48 秒 09

コラム　コロナ禍

２０１９年末に始まった新型コロナウイルスＣＯＶＩＤ－19の世界的流行（パンデミック）のために、２０２０年（令和２年）と２０２１年のわたしの住む県のマスターズ陸上競技連盟主催の競技会（年３回）と全日本選手権大会はすべて中止になりました。

高齢のアスリートにとって１年１年はとても貴重な時間です。若者は将来を見据えた計画に切り替えられますが、高齢者には先がありません。コロナ禍による競技会中止により、マスターズ陸上競技連合の会員にも多くの脱落者がでて、登録会員数は１万２０００人台から２０００人も減り一時は１万人を切りました。競技大会参加がトレーニングのモチベーションなので、目標がなくなれば意欲も体力も低下します。

そんな中で、２０２０年11月に東京マスターズ陸上競技連盟がトラック競技記録会を決行してくれました。わたしも参加させていただき、マスターズ陸上競技ではじめて１００メートルを走りました。結果は84歳で15秒99はＡＰ値95・19でした。一生に

１度の貴重な経験でした。なお、この大会の１万㍍で弓削田真理子さん（埼玉）の世界新記録の激走を目の前で見ることができ感激でした。

２０２１年７月には、埼玉マスターズ陸上競技連盟主管による関東大会（熊谷）、10月には東京マスターズ陸上競技連盟主管による東日本大会（八王子）が開かれ、参加することができました。コロナ禍第７波最中の２０２２年７月に、わたしの県内でも２年半ぶりの競技会（記録会）が富岡マスターズ陸上クラブや関係者の努力によって開かれ、わたしも参加させていただきＭ85クラスの走り幅跳びで世界新記録（３㍍80）をつくることができました。

これらの競技大会を注意深い感染予防対策のもとに敢行してくださった関係者に深く感謝します。

わたし自身は２０２２年７月第７波の最中についにコロナに罹りました。家族からの伝染でした。４日間の高熱とその後10日間の倦怠感が続きましたが、生き延びました。楽しみにしていた関東大会（千葉）は棄権となってしまいました。わたしはワクチンを打たないと決めていました。医師からは（85歳でひとり暮らしなので）入院申請をしてもらいましたが、ワクチンを打っていないためか、病床使用率50％にもかかわらず県は入院を認めてくれませんでした。薬は家族が調達し、結局、コロナの治療に関しては国や県のお世話になりませんでした。

わたしは80歳になって初めてマスターズ陸上競技に参加したのですが、こんな高齢での初参加は特例かと思っていました。しかし、90歳を過ぎてからマスターズ陸上競技に初めて参加して、日本記録や世界記録をだした凄いひとたちがいたのです。

下川原孝さん（岩手）はなんと98歳（２００６年）からの参加で、１００歳から１０２歳までの３年間に円盤投げ、やり投げ、砲丸投げでＭ１００クラスの世界新記録をだしました。２０１１年の東日本大震災の津波で亡くなりましたが、まだ投げる意欲を燃やしていたそうです。　冨久正二さん（広島）は97歳からの参加で、２０１７年にはＭ１００クラスの60メートルで日本新記録をだしました。宮崎秀吉さん（京都）は92歳からの参加で、表５にあるように１０５歳まで活躍されました。原口幸三さん（宮崎）は２０２２年10月時点で、Ｍ95の60メートルと１００メートルの日本記録保持者です。

女性では85歳からの参加で大活躍のテニスプレイヤー齋藤恵美子さん、75歳から参加のマラソンランナー中野陽子さんがいます（表５）。齋藤恵美子さんは２０２２年10月時点でＷ85とＷ90の60メートルから４００メートルまでの日本記録保持者、中野陽子さんはＷ75、Ｗ80、Ｗ85の４００メートルから１万メートルまでの日本記録を保持しています。最高齢Ｗ95の60メートル、１００メートル、２００メートルの日本記録は岩城かつ子さん（静岡）が保持者です。

２００９年よりまえに活躍したレジェンドたちもいます。

　木村喜三さん（群馬）は81歳（１９９２年）からのマスターズ陸上競技への参加でしたが、M85、M90で走り幅跳び、走り高跳び、三段跳び、棒高跳び、80《メートル》ハードル、ハンマー投げの６種目で世界新記録を達成し、マスターズ陸上競技の神と呼ばれました。２０２２年10月時点での日本記録はM85の走り高跳び、M90の走り高跳び、走り幅跳び、三段跳び、円盤投げ５種目にその名を残します。

　森田真積さん（茨城）はM75、M80の走り幅跳びと三段跳びで世界記録を９回更新し、世界大会、アジア大会、全日本大会で獲得した金メダルは総数１０１個という強者です。２０１１年に創設された「マスターズ陸上競技の殿堂」に初めて入った５人のうちのひとりで、２０２２年10月時点でもM75、M80、M85の三段跳びの日本記録保持者です。

　田中重治さん（山梨）は森田さんとともに殿堂入りしました。短距離と跳躍競技で活躍し、世界大会、アジア大会、全日本大会での金メダル数は森田さんを凌ぐ１０４個です。２０２２年10月時点でM75、M80、M85の棒高跳びの日本記録保持者です。このお２人と木村喜三さん、石神三郎さん（表５）、田中儀平さん（北海道、走り高跳び）、清水久七郎さん（新潟、走り幅跳びと三段跳び）たちによって１９９０年代２０００年代には跳躍競技の世界レベルの競演がありました。

２０２２年10月１日の時点での日本記録のリストによると、上記の28人が持つ日本記録は１３０以上になります。日本記録保持数では中野陽子さんが14、大日向暁子さんが13、宮内義光さんが11とベスト３です。その他にもM65以上、W60以上クラスの日本記録を今なお３つ以上も保持するひとたちがいます。

種目だけ記しますが、男性では、山崎雅彦さん（千葉）２００メートル、４００メートル、３００メートルH、大宮良平さん（北海道）２００メートル、４００メートル、８００メートル、緑川七郎さん（福島）８００メートルから１万メートルまで、山口功さん（茨城）１万メートル、田茂井宗一さん（大阪）１万メートル、２０００メートルSC、安井毅央さん（群馬）80メートルH、３００メートルH、立五段跳び、高橋實さん（秋田）円盤投げ、ハンマー投げ、山田博嗣さん（愛知）ハンマー投げ、吉川修さん（新潟）やり投げ、中道伸さん（京都）３０００メートルW、５０００メートルWの10人です。

女性では、中村紀子さん（神奈川）60メートル、１００メートル、２００メートル、松村政子さん（大阪）８００メートルから１万メートルまで、有川朝子さん（京都）３００メートルH、４００メートルH、馬淵弘子さん（大阪）80メートルH、２００メートルH、走り高跳び、三段跳び、倉津緑さん（長崎）走り幅跳び、三段跳び、嘉成倶子さん（福島）砲丸投げ、円盤投げ、苅部裕子さん（兵庫）

やり投げ、ハンマー投げ、加藤敦子さん（愛知）ハンマー投げ、松本初枝さん（千葉）と矢澤美代子さん（長野）の３０００メートルＷと５０００メートルＷの10人です。

マスターズ陸上競技の歴史に名を残すこれらのひとたちだけでなく、競技会に参加したひとたちのすべての記録はその順位にかかわらず、それぞれの人生の思いをのせた貴重なものです。

第5章
わたしのマスターズ陸上競技への道

〈家庭菜園と犬の散歩〉

わたしは自然科学の研究と教育を仕事とするサラリーマン生活を都会で送り63歳で退職し、生まれ故郷に近い田舎で新しい生活を始めました。家庭菜園での農作業を主な仕事とするいわゆる自適の生活です。

サラリーマン時代の約40年間は肉体労働やスポーツは何もしなかったのに、急に畑仕事や庭仕事を始めたので、膝や肩など身体のあちこちが痛みだし整形外科に駆け込む始末でした。そこでの診断は、「膝の軟骨がすり減っています」「足は外反拇指です」というものでした。これらは身体の経年劣化（老化現象）によるものであり、回復は不可能です。膝の痛みで走ることはできず、手すりのない階段は昇り降りできない状態でした。

多くのサラリーマンは、退職後に自由な時間が出来たときに何か新しい趣味などをやってみたいと思うようです。わたしの場合、大学時代に同じ陸上競技部に属していた友人3人がマスターズ陸上競技をやっていて、退職まえからいろいろと話を聞いていたので一緒にやってみたいと思っていました。

妻とモモ

しかし64歳で身体はこんな状態であり、とても走ることはできません。日常生活で始めた運動は犬との散歩でした。モモという名の白い中型雑種犬と田舎道の百通りものコースを毎日歩き回りました。これで歩く力はずいぶん回復しました。しかしこの楽しい散歩はモモの不慮の死で終わりました。4歳でした。亡骸は家庭菜園の隅に埋めました。それから15年もあとになって、モモのお墓の上に走り幅跳びの助走路を作って走ることになろうとは当時は思ってもいませんでした。

〈太極拳〉

モモが死んでしばらくして70歳を目前にしたころ、強烈な腰痛に襲われました。立っていても寝ていても痛みに七転八倒し、ついには強いめまいが起こりました。腰痛で転げ回った結果、耳の三半規管の玉が移動したためでした。腰のほうはＭＲＩで調べても何らの異常は見つからず、鎮痛薬と張り薬での治療でした。

わたしの素人判断では、この腰痛は五十肩（わたしは2回経験しました）と同じ症状であり、腰回りの隣接する筋肉の境目に炎症が起きることによる痛みです。静養と薬物療法よりも「運動」をして積極的に対処するほうがよいと考え、太極拳の教室に通い始めました。週1回の太極拳の稽古は、最初は辛い日々でしたが半年もするとなんとか動けるようになりました。それから約10年間、太極拳を続けてきたことで身体の柔軟性を維持することができ、腰痛や肩こりはまったく消えました。

太極拳は体重を片足に乗せてゆっくりと移動するので、腸腰筋（上半身と下半身を繋ぐ筋肉）を強化する身体にとてもいい運動であることは確かです。しかしながら週1回の太極拳の練習では（先生は週にもう1回家で練習することを勧めていましたが）脚筋力を強化する効果はなく、脚の筋肉が細くなっていくのが目立つようになりました。

〈10キログラムの減量〉

退職後15年たった78歳になっても膝の痛みは相変わらずで走ることはできず、マスターズ陸上への参加はついに夢に終わるかと思うようになりました。

我が家は当時、妻と2人暮らしで1日3食のふつうの食習慣で、わたしが昼食を作る当番でした。しかし、料理は面倒なうえに食べすぎではないかという疑問もわき「昼食を抜きにしよう」と提案しましたが、すぐに却下されました。幸か不幸か、妻が1カ月ほど家を空ける事情が起こり、家事の全部をわたしがすることになり、昼食抜きをついに決行しました。妻が帰ってきてからの2カ月もこの昼食抜きを続け、ひと夏3カ月で10キログラムの減量を達成しました。78歳にして大学生時代の体重にもどし、ＢＭＩ（肥満度を表す体格指数）は24・2から20・4になりました。

この節食期間は、空腹を紛らわすためにガムや昆布をかじって過ごしました。その結果どんな身体になったかというと、あばら骨は浮き出て腹回りはすっきりし空腹時には背中と腹がくっつく感じです。顔は面長になりましたが、妻は貧相になるから節食は止めてほしいと言っていました。身体の内部では、腸内ガス量が増加し便は固く量はとても少なくなり、腸内菌の活動が活発になった（食べ物が急に減ったので慌てている）ことがわかりました。

　しかし、これ以上の体重減は危険と判断し、以後はこの体重が増減しないよう食事量を調整することにしました。

コラム　節食の扉

高齢になって過去を振り返ると、「人生は偶然と選択の積み重ね」だったと感じます。わたしがマスターズ陸上競技をできるようになったのも、いろいろの偶然があったことは本文で紹介しましたが、こんなこともあったのです。

わたしたち友人6人は月に1回、街中と近郊で昼食の「食べ歩き」をしていました。その日は郊外の新しい大型商業地区に車2台に分乗して出かけました。わたしはいつものように友人の車に便乗させてもらいました。

食事が終わって広い店内で買い物などして帰路につきましたが、わたしはいつの間にかみんなに取り残されてしまいました。2人の運転者はそれぞれ、わたしが相手の車に乗ったと思ったようです。悪意はなかったと信じています。

やむを得ずバスで帰ることにして、小銭をつくるために近くのコンビニに入り、そこで買った本が「節食のすすめ」でした。アメリカのオバマ大統領もスティーブ・ジョブスも「できる男は1日2食」という内容です。

わたしはこの本に励まされて節食生活に踏み切り、10キログラムの減量に成功したわけです。わたしがマスターズ陸上に参加できるようになったのは、友だちに郊外に置き去りにされたお陰とも言えます。

〈ついに走れた〉

当時は、自分の体重減とマスターズ陸上（走ること）との関係はまったく考えてはいませんでした。身体が軽くなった78歳の秋のこと、娘の愛犬と散歩していて犬の走りに付いていっても膝が痛くないことに「ふと気がつき」ました。「走れるかも」と希望を持った瞬間でした。

それから少しずつ脚の筋力を強くする運動を始めました。貼り薬をあちこちに貼りつけながらのトレーニングで、ほんとに一歩一歩でした。太ももの前側にある大腿四頭筋がまず張ってきました。79歳の正月に、娘からプレゼントされたトレーニングシューズで東京の公園を走ることができたときの喜びは忘れません。

走れるようになって約1年、しかし走り幅跳びはまだ1度も跳んだことはないという筋力状態で80歳を目前にした秋、地域の陸上競技記録会が参加者「年齢不問」で開催されるとの市広報を見て、１００メートル走と走り幅跳びに参加することにしました。

参加者は小中学生がほとんどで高校生が少し、大人はわたし1人です。１００メートル走は小学4年生の組で走りましたが、途中60メートル付近で見事に転びました。幸い7カ所くらいの擦り傷（出血）ですみました。子供たちが手当てをしてくれ、その親切には感激でした。

　この転倒は脚が上がらなかったからではなく、子供たちに負けないようにもっとスピードを上げようと思ってギアチェンジしたときにバランスを崩したためだったので、むしろ自信になりました。55年ぶりの走り幅跳びは３メートルも跳べず、老化をしみじみと感じましたが、一方で練習すれば記録は必ず伸びるだろうとの希望はもちました。

　それから家庭菜園の中に10メートルほどの助走路をつくり、走り幅跳びを始めました。子供の頃を想いだしました（コラム：美の祭典）。跳ぶことは骨の強化にもなると思い、短い助走の幅跳びと立五段跳びを繰り返しました。三段跳びはまだ無理でした。

　翌年80歳からマスターズ陸上大会に参加するようになってからも、１００メートル走では転ぶような気がして60メートル走だけに参加していました。１００メートル走は84歳になって初めて挑戦し転ばずに走りました（コラム：コロナ禍参照）。

　退職してからの15年間、いろいろな偶然が重なったことによりついに80歳で念願のマスターズ陸上競技大会に参加できるような身体になり、人生の楽しみをひとつ加えることができました。

コラム

美の祭典

1945年（昭和20年）8月の太平洋戦争の敗戦時、わたしは国民学校（小学校）3年生でした。食糧をはじめ生活物資の不足は戦争が終わってもさらに厳しくなり、わたしのまわりの多くの人たちは困窮をきわめていました。

学校の教科書はうすい粗末なものでしたが、それまでの天皇の臣民をつくる教育から新しい民主教育へと変わりました。貧しい授業を補うために映画鑑賞の時間があり、子供たちは土埃をあげながら街の映画館まで歩きました。その履物はほとんど下駄か藁草履であり、道は砂利道でした。

4年生の時、わたしたちはベルリンオリンピックの記録映画「美の祭典」を鑑賞しました。このオリンピックは、わたしが生まれた1936年に開催されていたので、10年もまえの映画でしたが初めて見るカラー映像に圧倒されました。日本選手の活躍もあったようですが、わたしが目を奪われたのは米国オーエンス選手の走り幅跳びの躍動する筋肉のスローモーション映像の美しさでした。

それからわたしは畑でオーエンス選手の走り幅跳びの真似をして跳びました。何回も何回も裸足で跳びました。

わたしは小学校の６年間に１度も運動会に出場したことがありません。

現在ではアトピー性皮膚炎は病気として知られていますが、わたしが子供のころはそんな名前の病気は聞いたことがありませんでした。わたしは１年中全身のかゆみに悩まされ化膿を身体のどこかにつくっていました。運動会では皮膚を多くの人目にさらすので、視線に耐えられず逃げだしたのです。先生は１クラス50人以上もの生徒をかかえていたので、一学年で３００人余りのなかで生徒ひとりがグランドから消えても気づかなかったと思います。

80歳を過ぎても、わたしが陸上競技大会出場にあこがれるのは、小学生だったころの自分を癒したい気持ち（深層心理）があるのではないかと思います。

第6章
わたしの生活習慣と練習法

6・1　わたしの生活習慣

老化による「膝軟骨のすり減り」も「外反拇指」も筋力強化でカバーし、80歳からマスターズ陸上競技大会に参加できるようになったわたしは、他のベテランたちと同じくらいの成績をだせるようになりました。

こんな高齢になってから元気に走れるのは、丈夫な身体を授けてくれた両親にまず感謝しなければなりませんが、わたしが成人後続けてきた生活習慣も良かったと思います。それは、食事と睡眠はきちんととる、たばこは吸わない、酒は付き合いでは飲むが日常習慣として飲まない、自家用車は持たず移動は徒歩と公共交通機関を使う、ということでした。成人病予防の教科書がすすめるような生活習慣ですが、わたしはこれで確かに成人病にはなりませんでした。

車の運転免許は退職後の田舎での生活のために64歳で取得しましたが、84歳で返納し以前のように移動は徒歩と公共交通機関でするようになりました。

食事については妻に本当に感謝しています。妻はわたしが83歳のとき帰らぬ人になりましたが、結婚以来55年余り、いつも新鮮な食材で栄養バランスのとれた料理をつくってくれました。一人暮らしになって、わたしも料理を始めましたが栄養バランスはともかく味付けは足元にも及びません。しかし食材について、わたしなりにいくつかの工夫はしました。主食は白米の代わりに玄米にし、タンパク質を多くとるようにし、また自家菜園の無農薬野菜や果物を食べる頻度を上げたことなどです。

わたしは入浴の際にひとつのこだわりがあります。足と手を洗うとき足首と手首から上に向けてこすります。若いころ始めた習慣で、リンパ液の流れがよくなって疲労が取れると当時は言われていました。今はあまり聞きませんが、本当でしょうか。

これは入浴についての迷信かもしれませんが、競技会の前々日に熱い風呂か炭酸風呂に入るとヒートショックプロテインで競技のパフォーマンスが上がるそうです。

64歳で現在地に移住してから、春から秋には週4日ほど1日2時間程度の畑仕事・庭仕事をします。この仕事は筋力強化には役立ちませんが、新鮮な無農薬野菜をいつも食べられるので、健康維持には役立っています。

太極拳を始めたのは70歳でしたが、その頃から始めた習慣もあります。靴下は5本指のものを履くことにしました。朝起きてすぐに、椅子に腰かけて5本指の靴下を履き、左手指5本それぞれを右足5本の指の間に差し込み足首を回します。30回以上回してから反対側の手足についてやります。歩行時に足指がなるべく開いて踏ん張りがきくように、また外反母趾の矯正に少しはなるかと思い始めました。手と足の指に通じる神経をつかさどる脳の部位は感覚脳内で最も大きいとのことで、この両方を同時に動かすこの運動は健康維持にも有効のようです。

アンチエイジングに関係があると思われる生活習慣として、睡眠時間と食事の間隔があります。わたしはベッドに入っている時間はおよそ10時間です。

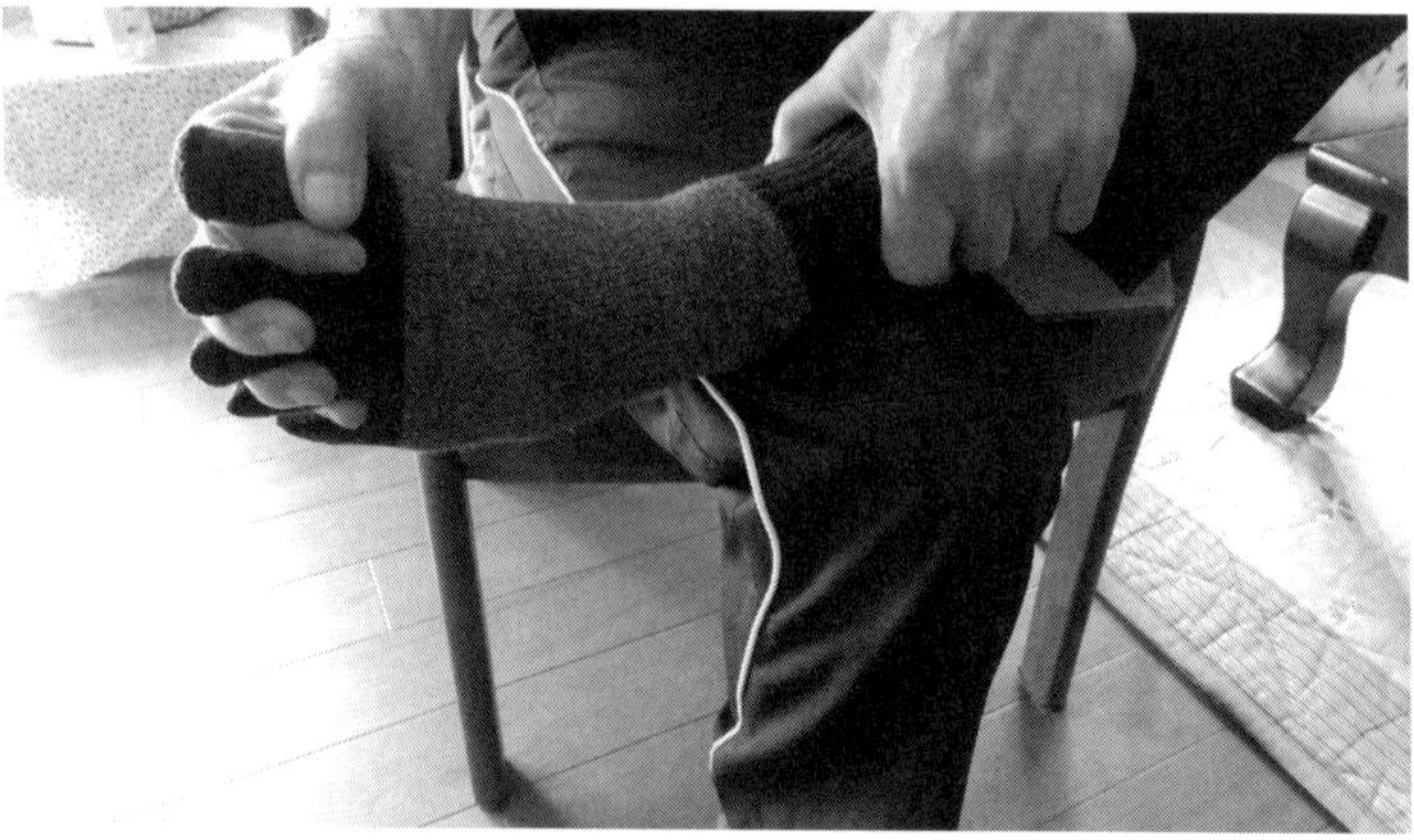

夜のテレビはつまらないものが多いので、9時まえにはベッドに入って本を読みます。至福の時間です。実際の睡眠時間は8時間くらいです。従って、夜の食事から朝の食事まで12時間以上何も食べません。こんな生活ができるのは隠居の特権です。

サプリメントはまったく摂っていません。陸上競技のトレーニングをするようになってから、練習の後すぐにプロテインは飲みますが、プロテインは食品とされています。水分補給のついでに飲んでいます。節食後の最小体重から約1キログラムの体重増がありましたがこれは筋肉量の増加によるもので、タンパク質をなるべく摂るようにした食事と筋トレの効果です。タンパク質は3食ともおなじくらい量を摂るのが筋肉維持のためにはよいようで、朝食で摂りかたが少ないと筋肉量が減るそうです（ＮＨＫの受け売り）。

63歳までのサラリーマン時代には病院へ行くことはほとんどありませんでした。64歳からの医者通いは、主に歯医者と整形外科です。

若い頃に歯をもっと大切にしておけばよかったと思ったのはあとの祭りで、少しずつ治療しながら過ごしています。「８０２０」（80歳で20本の自分の歯を持つ）には合格していますが。

整形外科医の処方で1日1回飲んでいる薬は、手指の痛み止めです。畑仕事や庭仕事で手を使った草取りなどの無理な作業の結果、左右とも中3本の指がほとんど曲がらず、たまに痛みます。薬で良くも悪くもならない状態を維持しています。

脚の筋肉に関係する薬をたまに飲んでいます。練習後とか脚が冷えた時に脚の筋肉のどこかに突然に痙攣がおこることがあり、その対処薬です。漢方薬（芍薬甘草湯）ですが即効性があり、よくききます。筋肉痛を鎮める張り薬（経皮吸収型鎮痛・抗炎症剤）は必需品です。

以上の生活習慣は陸上競技の練習を含めて、老後の健康生活とアンチエイジングに役立っていると思います。

6・2　わたしの練習法

わたしは陸上競技についての指導者を一度ももったことがありません。若い頃は、指導書を読み練習の参考にしていました。80歳になってマスターズ陸上を始めるために参考書を探しましたが見つかりませんでしたので、関連する本を読んで練習法を構成しました。現在はＷｅｂでいろいろの練習法が断片的に紹介されていますので、参考にしています。

コラム　陸上競技の科学的練習法

1952年（昭和27年）は、第2次世界大戦後の米ソ対立の中で起こった朝鮮戦争（1950−1953）の最中でした。この年の3月、わたしは中学校を卒業し就職しました。今では大企業であるその会社は、戦後間もない当時はまだ町工場のような職場でしたが、勤務時間は月曜から金曜日は8時間、土曜半日としっかり決められていました。夕方から、わたしは夜間部の定時制高校に通いました。

アトピー性皮膚炎も癒えた中学後半から陸上競技を始めており、このような制約された時間でも陸上競技を続けたいと思っていました。しかし練習時間は少ししかとれません。

当時、世界の陸上競技界ではソ連や東ヨーロッパ諸国の台頭が目覚ましく、その「科学的練習法」が注目されていました。わたしはその練習法の解説書（監修大島鎌吉）を手にいれ、これを参考に短時間の練習でも効果のある方法を模索しました。また織田幹雄著「陸上競技練習法」は繰り返し読みました。夜間部の高校でしたのでクラブ活動はなく、ひとりでの自己流の練習でした。高校の陸上競技大会に出場したいと思い、昼間部のクラブと交渉しその選手団に加えてもらいました。

ひとりの練習でも少しずつ記録が伸び、高校3年のインターハイ県大会の走り幅跳びでついに優勝しました。「合理的に考え、努力すれば成果がでる」というこの成功体験は、わたしのその後の人生の行動指針となりました。一方で、自分が陸上競技に関しては凡才であることも身に染みて認識したのです。

時は移り、同じ県営陸上競技場でのマスターズ陸上に80歳で初めて参加し、賞状を手にして日付を見れば平成29年とあり、この競技場のインターハイで一度だけ優勝した年が昭和29年であったことを想い出しました。この間にちょうど63年の年月が流れていたことになります。競技場のたたずまいは63年前と変わらず、ただグランドのアンツーカは全天候型の合成樹脂になり、スターターの掛け声は「位置について・よーい」ドンから「オンユアマーク・セット」ドンに変わっていました。それと、女性が三段跳びや長距離走を男性と一緒にしているのを目の当たりして時代の変化を実感しましたが、高齢者の陸上競技大会があること自体も時代の変化なのだと思いいたりました。

〈練習環境〉

マスターズ陸上競技に参加するひとは、必ず地域の単位クラブの会員として登録されますが、クラブ内での会員間の交流は少ないようです。わたしのクラブでもみんな自主的に練習しています。各人がそれぞれ工夫して練習環境をつくらなくてはなりません。

　現在では全国どこに住んでいても近くにグランド、公園、遊歩道などがあり、準備運動や短距離でも長距離でも走る練習はこれらを利用することができるのでわたしの場合も問題ありません。しかし跳躍競技の練習場は探さなくてはなりません。わたしは走り幅跳びと三段跳びを主な種目としています。そこで自宅の家庭菜園の中に、練習場として砂場（ピット）と約25メートルの助走路を自作し専用に使っています。1袋20キログラムの砂およそ50袋（1トン）を使い砂場（ピット）をつくり、

土を固めて助走路をつくり、82歳の秋に完成しました。

　走る練習は、自宅近くの市営広場にある深い芝（草）の直線50メートルくらいのコースを使っています。走り幅跳び・三段跳びの助走距離はわたしの場合は25メートル程度なので、練習でこれくらいの距離を走っていれば十分です。しかし１００メートル走の練習には短すぎます。競技会の直前にはスパイクをはいて練習しなくてはなりませんが、この時は車で約20分の県営グランド（全天候型トラック　有料）まで行きます。この際に１００メートル走の練習をします。

　真夏や冬は屋外での練習はできません。この時期には、84歳までは体育館のトレーニングルームで筋トレをしていましたが、85歳からは自宅の居間を使っています。

〈年間の練習計画〉

グランドなど屋外での練習ができるのは、気象条件として気温がおよそ15度から30度で雨風のない時です。わたしが住んでいる関東平野の平地で、この条件に合うのは1年のうちの半分くらいの春と秋の季節です。冬と真夏は屋内で「筋トレ」を主とするトレーニングをします。特に上体の筋トレを下半身の筋トレに加えて行います。走る、跳ぶ、投げる競技は全身を使ってのパフォーマンスですが、競技者にはそれぞれ身体に強い部位と比較的弱い部位があります。わたしは内転筋や肩や腕、背中の筋肉が弱く、この部分は筋トレで強化したいところです。

春先には屋外での運動に適した天気の日があります。その時は筋トレの一部を「インターバル速歩」に切り替えることもあります。冬には身体は準休眠状態にあるそうなので「走る」練習には無理がありますが、この速歩運動で短距離走の持久力をつけることができます。普通の速さの歩きと速歩を交互にそれぞれ3分ずつ5セットで30分です(能勢博、池田書店)。

筋トレはその筋肉が出すホルモン（マイオカイン）が脳を刺激して身体中の他の筋肉を強化する効果もあるそうですから（NHK「ためしてガッテン」など）、専門種目のトレーニングができない時期が長く続いても、何らかの筋肉トレーニングができていれば最低限の練習になります。高齢者の場合、年間を通して同じようなトレーニングをするのではなく、身体のそれぞれの部位を、時期を変えて鍛えるようにする練習法が身体能力を長持ちさせる方法だと思います。

年間の練習の流れは次のようになります。秋の競技会終了後に冬の「筋トレ」に入り、3月（グランドのたんぽぽが咲き始める頃）からグランドで少しずつ「走り」はじめ1カ月くらい続けます。3カ月以上も走っていないので、1から始めるつもりで少しずつ練習量を増やします。専門種目の「跳ぶ」練習は4月ころに入ります。5月の競技会は練習をかねて参加し6、7月頃の競技会を本番とします。真夏の8月は「筋トレ」を少しゃる程度にして9月（グランドに赤とんぼが飛び始める頃）からまた「走る」トレーニングを始め、秋の大会に備えます。9月の大会は練習のつもりで参加し、本番は10、11月にあると考えます。

参考までに、わたしの85歳での年間練習記録と競技大会参加を表7にしました。年間で約100回（100日）トレーニングをし、5回の競技大会に参加しました。コロナに罹り2週間ほど休みましたが、身体に故障はなくほぼ順調な1年でした。

表７　85 歳での練習回数と競技大会の全成績（2021-2022 年）

	筋トレ	走る	跳ぶ	合計	備　考
10 月	2	3	4	9 回	23 日 東日本大会 注 1
11 月	3	6	0	9 回	主に「走る」
12 月	4	1	0	5 回	主に「筋トレ」休養期
1 月	8	0	0	8 回	「筋トレ」
2 月	9	0	0	9 回	「筋トレ」
3 月	2	8	0	10 回	主に「走る」
4 月	0	1	9	10 回	主に「跳ぶ」
5 月	0	1	7	8 回	主に「跳ぶ」 5 日 埼玉記録会 注 2
6 月	0	3	6	9 回	主に「跳ぶ」
7 月	1	2	2	5 回	３日 富岡記録会 注 3
					コロナに罹り闘病
8 月	3	6	1	10 回	主に「走る」
9 月	1	0	7	8 回	11 日 県選手権 注 4
10 月	1	0	8	9 回	10 日 県クラブ対抗 注 5

注１　走り幅跳び　3㍍71（大会新）　三段跳び７㍍09（大会新）
注２　走り幅跳び　3㍍75（県新）　立五段跳び８㍍90
60㍍走９秒 99（県新）
注３　走り幅跳び　3㍍80（世界新）　三段跳び７㍍61（県新）
注４　走り幅跳び　3㍍83（世界新）　100㍍走 16 秒 69
注５　走り幅跳び　3㍍58（大会新）　三段跳び６㍍79
立五段跳び９㍍30（日本新）

表7の5大会での競技記録（成績）は、大会ごとのばらつきが大きく安定していません。トレーニング方法と競技大会に向けての調整の仕方に改善の余地があります。また競技大会1日5時間で3種目に出場するのは、85歳では無理ということがわかりました。

〈練習日の間隔〉

高齢競技者の場合は長続きする練習法を見つけることが大切です。基本となるのは練習日の間隔ですが、わたしは1年を通して3日に1回すなわち中2日の休養を原則としています。1カ月単位では表7のように、多い月で10回（10日）、少ない月で5日程度です。

筋肉トレーニング（筋トレ）の教科書（坂詰真二、石川三知監修「筋トレと栄養の科学」）によると、筋トレの効果は72時間（3日間）続くので、陸上競技（短距離走や跳躍）の練習も筋トレの一種と見做してこの法則を応用し休養日を中2日としました。強いトレーニングで筋肉は破壊されますが、この2日間の休養中に筋肉は回復（超回復）し強くなるそうです。筋肉痛は練習日当日よりも翌日や翌々日に起こることが多いのはこのためのようです。

1回の練習時間は、あとで見るように屋外では1時間半から2時間、屋内では1時間から1時間半です。陸上競技のトレーニングは筋肉だけでなく骨や心肺機能を強化する役目もあるので、練習日の間隔、練習時間はこれくらいが適当だと思います。しかし練習予定日に身体の調子が良くないときは休養日とし、無理のないようにしています。

休養日にはなるべく散歩をします。30分ほど歩きます。はじめの数１００メートルはぎこちない歩きになるのは歳のせいでしょうが、調子ができてきたら歩幅を広げたり腕を大きく振ったりして歩きます。わたしは車の運転免許を返納してから、自宅から1キロメートル圏内にあるスーパー、コンビニ、郵便局、銀行、図書館、市役所支所、医院などには散歩代わりに歩きます。

しかし歩くのはほどほどがいいようです。5キログラム程度の買い物の荷物を背負って歩くこともあって、その結果、足の親指が「軟骨がすり減り」炎症をおこし痛みで走れなくなりました。この痛みには長い間悩まされました。ジョギングシューズで歩きすぎるとこんな故障が起こることがあります。

陸上競技の練習時間は1カ月当たりにするとわずか20時間足らずで、生活時間に占める割合はほんのわずかです。わたしの生活時間のおよその割合は1カ月単位では、家事全般に40時間、食事、入浴など身体のケアに40時間、畑仕事と庭の手入れ仕事に30時間（冬や真夏は10時間）、本や新聞を読むのに40時間、テレビを見るのに40時間、人付き合い（社会活動を含む）は20時間、趣味を楽しむ時間は60時間以上などとなっています。陸上競技の練習時間は、生活時間に占める割合は少ないとはいえ、競技大会で自己の最良記録（ベスト）を目指すという明確な目標があるので、短い時間でも年間を通して生活にリズムと緊張感を与えています。

高齢者が競技生活を長く続け、かつアンチエイジング効果を求めるために心がけることをわたしなりにまとめると次のようになります。

1　身体によい生活習慣を身につける

2　3日に1回、1、2時間程度のトレーニングをする

3　この中では、準備運動と整理運動を丁寧にする（付録参照）

4　身体の各部位を強化する運動をバランスよく年間計画で配分する

〈具体的な練習法〉

a）グランドなどで「専門種目」の練習をする場合のおよその時間割は次のようです（表7の「跳ぶ」の場合）

①　準備運動とピットの整備　30分
②　基本練習　30分
③　種目別練習　50分
④　整理運動と後片付け　10分

これで約2時間です。

具体的には、まず準備運動（動的ストレッチ、付録参照）を自宅の庭でやります。次に歩いて5分のところにある広場へ移り、基本練習として膝を高く上げるスキップ走と50メートル走をそれぞれ3本ほどやります。これらは1本ずつ丁寧にやります。また自宅に戻り、自作の走路とピットを使ってスタートダッシュ、立五段跳び、走り幅跳び、三段跳びをこの順番で4本から6本やります。1本ずつ時間をおいてやったほうが充実した練習になるように思えます。毎回このようにできるかというと、調子が悪かったり疲れたりして中途半端になることが多いです。最後に整理運動（静的ストレッチ、付録参照）

をして終わります。

b）グランドなどで走る練習だけの場合（表7の「走る」場合）

シーズンはじめは、専門種目の練習はしないでa）②の「走る」基本練習だけを行います。基本練習の走る本数を増やすとか、坂路走や片足走などを加えて合計練習時間を1時間半くらいとします。緩い坂道を駆け上がるトレーニングは、ピッチをあげた走法の練習になります。

c）体育館のトレーニングルームでの練習

冬と真夏の屋内でのトレーニングは、80歳から84歳までは体育館のトレーニングルームを利用して行いました。準備運動のあとマシンを使って身体の上から下まで筋トレを行います。競技シーズン中のトレーニングではやらない上体の筋トレを屋内では十分やります。短距離走や跳躍のトレーニングだから、筋トレも速い動作で行うのがよいと考えがちですが、ゆっくりとした動作のほうが速筋（筋力）を鍛えるにはよいようです。スピード感を維持するためには、サイクリングマシンによる高速回転運動が効果的です。

d）室内での筋トレ（表7の「筋トレ」の場合）

85歳からはトレーニングルームに行けなくなったので、自宅のフロアで静かな動きによる筋トレをしています。準備運動のあと、上体の筋トレとして腕立て伏せ、腹筋運動などを行います。下半身の筋トレとして、①相撲の四股ふみの姿勢になるようにゆっくりと深く腰を落とし、ゆっくり立ち上がり戻す股関節伸展もかねた脚筋肉運動、②脚をそろえて両手を広げてゆっくり腰を沈め蹲踞の姿勢に入り、ゆっくり立ち上がり手を前で合わせる運動を繰り返します。③高さ22チセンの踏み台を踏切版に見立てて片足をのせ逆足の膝を曲げて振り上げ、ゆっくり降ります。いずれも10回3セットを基準にして30分ほど行います。そのほか、内転筋の強化運動や腕振りなども行います。自宅では自分の体重を負荷として利用していますが、これでは不十分かもしれません。

ここに述べた練習法はトレーニングの一例と考えて、みなさんがそれぞれ自分に合ったより良い練習法を見つけてください。各競技の練習法や筋トレの技術、筋肉の構造、役割、名称など専門的なことは本やＷｅｂなどで紹介されていますので研究してください。わたしも勉強中です。

おわりに

はじめは陸上競技にまつわる自分史のつもりでしたが、途中から研究書のようになってしまったので、陸上競技についての経験不足を顧みず書籍として出版することにしました。

マスターズ陸上競技大会にわたしが参加するようになって今年（２０２３年）で７年目になります。この間に凡才ながら世界新記録をだすことができたのは、アンチエイジングに成功したためです。わたしの生活習慣や練習方法が本当にアンチエイジングに有効だとするならば、この状態をはたして「何歳まで持続できるか」が、わたしのこれからの研究テーマです。歳とともに変化する身体に合わせて練習方法を変えるなどの工夫が必要だと思います。

一方で、内臓、循環器、脳など身体のどこに異変が起こってもおかしくない年齢ですし、また事故や怪我、感染症の危険もあります。どんなことでマスターズ陸上競技をやめることになるのか今のところ見当がつきません。一度は世界選手権大会に参加してみたいので、早くコロナ禍（パンデミック）が終息してくれることを願っています。
本文では身体のことしか書いてありませんが、高年齢で陸上競技を続けるには心の部分も大切です。子供のころにオーエンス選手の映像に感動したのが走り幅跳びを始めるきっかけだったことはコラムに書きました。オーエンス氏は黒人として人種差別を受けているほうの人間であり、その困難の中で力の限り生きていることを身体で表現していたのだと思います。馬鹿な大人たちの戦争でひどい状態に置かれていた子供のひとりであった当時のわたしはその姿に共鳴したのだと思います。第二次世界大戦、太平洋戦争での幾千万人の死者、犠牲者の無言の声に押されて、これまで大きな戦争はなく過ごせましたが、日本でもこのところ雲行きは怪しくなっています。戦争をする政府、指導者をつくっているのはどこの国であれ国民です。わたしは「こんな世の中でいいのか」と心の中で叫びながら走っています。

話は変わりますが、本文第4章でとりあげたマスターズ陸上競技の世界記録や日本記録をつくったレジェンドたちは男女とも日本全国にまんべんなく散らばっていることにお気づきでしたか。人口の都市集中は商業主義を反映した社会構造のひとつです。マスターズ陸上競技のレジェンドたちが全国に分散していることは、マスターズ陸上競技が商業主義と無縁であることを示しています。マスターズ陸上競技では、全国どこに住んでいても世界に羽ばたけるのです。

最後になりましたが、本書の原稿に目を通し、「高齢アスリートと宇宙飛行士」の関連について貴重な論評を寄せてくださった太田敏子さんに感謝します。また写真を撮影し、原稿の整理を手伝ってくれた長女直子に感謝します。

高齢アスリートと宇宙飛行士

太田　敏子（筑波大学名誉教授）

　私が初めて齋藤衛さんを知ったのは、今から半世紀も前の１９６９年（昭和44年）のことです。長男が生まれた私の家族は、武蔵村山市に当時新しくできた大きな公務員住宅の一角に居を構えました。その官舎で長男がお世話になった在宅保育ママのご主人が齋藤衛さんでした。50年の時を経て、彼の郷里前橋にお伺いした時には、京都大学を退職後、自宅の広い菜園の中の太陽光発電パネルの前で、農作物の世話に余念がない齋藤さんの姿がありました。

　その後、80才になってから陸上競技にチャレンジし、６年後には世界新記録を達成したとうかがい、齋藤衛さんの快挙にエールを送りました。目を輝かせて語る彼に接して、彼の中に青年の血潮を垣間見たような気がしたのです。出来あがった著書を拝読し、生活のことばでやさしい語り口なのに、実はかぎりなく論理的で、〝誰にもできるからやってみよう！〟という齋藤さんの声が聞こえてくるようでした。

私は、現在にいたるまで15年間、宇宙航空研究開発機構ＪＡＸＡで宇宙飛行士の人体リスクの対策支援を進めてきました。私にとって齋藤さんの作品の中に流れる「高齢者の運動能力を伸ばし維持する方法はあるのか」という問いかけは、「宇宙飛行士は人体の加齢モデルである」というテーマと関連し、非常に興味深い問題でした。

では、頑丈な若い宇宙飛行士と百才に近い高齢者とがどのような関係があるのでしょうか。宇宙飛行士は、30代から50代の心身ともに頑健な体をしている人達ばかりです。それにも関わらず、宇宙環境での無重力・閉鎖空間・宇宙放射線中で生活すると、体に各種の生理的リスク（宇宙酔い、体液シフト、知覚の変化、起立性低血圧、骨と筋量減少、自立神経機能低下、免疫機能低下など）が起きます。しかし、１・５カ月くらいで宇宙環境に適応します。ところが、骨・筋肉・カルシウム代謝・放射線被爆などのリスクは、宇宙環境に適応することなく上がる一方なのです。

宇宙飛行士が、６カ月後に地球上に帰還したとき、高齢者と同じような現象、すなわち立ちくらみ（起立性低血圧）、骨量減少、筋肉の萎縮、体力低下、免疫低下などが起きていて歩くことができません。これらの現象は、人が地上重力１Ｇで進化したから起きる現象です。地上の高齢者の運動能力低下の現象は、老化することにより起きる現象です。つまり、宇宙に長期滞在した飛行士と高齢者は同じような身体状態になるわけです。これが「宇宙飛行士は人体の加齢モデルである」と言われる由縁です。

このため、宇宙飛行士は、ミッションに必要な体力を獲得するためには、体力低下を考慮して飛行中も週6日、1日2時間、①有酸素運動としてエルゴメータ自転車（週3回　30－45分間）、トレッドミル：歩走行機（週3回　30－45分間）と②筋力運動　としてアレッド：抵抗運動機（体幹／上肢／下肢を毎日6種45分間）を使って運動をしています。しかも、筋損傷を予防するため、同じ運動は翌日には避けるようにしています。1週間の運動プログラムは、1日6種目を2時間半、月・木、火・金、水・土の3つの組み合わせで行っています。

さらに、帰還後の宇宙飛行士の立ちくらみ（起立性低血圧）は、耳の三半規管の前庭系の調節力がほとんどゼロ近くに低下することから起こっており（高齢者も同じ）、骨密度は10％低下、骨強度は15％低下となっていて、回復には3～4年が必要です。近年の研究で、骨吸収を抑制するビスホスホネート剤が宇宙における骨量減少対策に有効であることが解り、現在はフライト2週間前からフライト期間中に毎週70《ミリグラム》のビスホスホネートを服用しています。筋委縮は10～30％（下腿三頭筋は1％／日）、高齢者の10倍の速さで減少します。カルシウムの代謝（摂取量から排出量を引いたもの）は、飛行前0《ミリグラム》、飛行中《マイナス》250《ミリグラム》／日となり、飛行中に多くのカルシウムを失います。高齢者の場合も、加齢による内蔵の機能低下があるはずですから、運動プログラムに加えて骨形成に必要なビタミンDやカルシウムを食事で補う必要があります。要は、「一に食事、二に体を動かす（働く）、三に睡眠」という生活環境が必須です。幸いなことに巷には、これらの栄養素を添加した機能性食品が溢れています。

そこで、宇宙飛行士は帰還後の運動プログラムとして、45日間（2時間／日）のリハビリテーションを最優先して行います。運動プログラムは、4つのフェーズに分かれていて（フェーズ0ーフェーズ3）、それぞれ目標が異なります。

フェーズ0（帰還当日）【目標】転倒防止

起立性低血圧の対応、平衡機能障害の対応、歩行介助

フェーズ1（7日後まで）【目標】重力へ再適応

ストレッチ、転倒予防運動、有酸素運動、軽い抵抗運動、体幹強化

運動、バランス運動、ボールを用いた運動

フェーズ2（14日後まで）【目標】体力をつける

十分な休養、有酸素運動、抵抗運動、歩行訓練、水中運動

フェーズ3（45日後まで）【目標】飛行前の体力へ回復

有酸素運動、抵抗運動、平衡機能／敏捷性を高める運動

（温泉療法でリラックスさせることも重要）

（出典：最新リハビリテーション医学　2006、先端医療技術研究所）

このプログラムは、宇宙飛行士の「残されている人体能力をトレーニングして元に戻す」のです。このことは、本書でも述べているように「高齢者自身の持てる能力をトレーニングで掘り起こすこと」と同じことなのです。

高齢アスリートの競技記録のデータから得られた「年齢別評価値（AP値）を少しでも上げることを目標にしてトレーニングに励み達成できているならば、アンチエイジングに成功している」という発見には感動しました。しかも、この発見の根底に潜むものは、高齢者の運動能力を伸ばし維持するには、〝状況がどのようであれ、生命さえあれ

ば成長する〟という生命のたくましさを証明してくれたのです。本書は、苦しい時代を生き抜いてきた人の魂が滲み出た心に残る1冊です。

付録　準備運動と整理運動

〈準備運動〉

高齢者が陸上競技のトレーニングをする場合、準備運動としてはラジオ体操のようにリズムをとる運動よりも、ゆっくりと筋肉や関節を曲げ伸ばす「動的ストレッチ体操」がお勧めです。

個々の運動動作はみなさんよくご存じでしょうが、わたしが行っている一連の準備運動を紹介します。主な動作は、太極拳の準備運動として習ったものを参考にその他の運動も組み合わせています。肩、首、腰、脚と上から下へと身体各部のゆっくりしたストレッチ運動を、およそ25分かけて行います。

わたしは79歳から高齢者として陸上競技を始めましたが、これまで怪我をまったくしなかったという実績があり、この準備運動がよかったのではないかと思っています。

運動の単位動作の回数はそれぞれ8回から16回がよいと思いますが、後で述べるようにいくつかの運動はもっと多くの回数が適当です。

１）肩回し

さあこれから準備運動するぞという時に、自然に動かしやすいのが肩回しです。肋骨を広げて深呼吸をするためでもあります。

脚を肩幅に開き、両腕を大きく回します。前から後ろ、その逆まわしを行います。

次に別の肩回し運動を行います。両手の指先をそれぞれの肩の前におき、腕肘を前から後ろへ回す運動、後ろから前にまわす運動を行います。

2）首回し

首には、脳と体を結ぶ血管と神経の大動脈がありますから、頭をゆっくりと左右に8回ずつ、それから上（空を見る）下（地面を見る）に8回動かします。手は腰に付け、脚は肩幅に開いておきます。

3）胸を広げる

2つの動作を行います。

最初は、両腕の手先を腕の付け根におき胸を張り開きます。次に両腕を前にゆっくり突き出します。それからまた両腕をゆっくり元にもどします。この時に首を右と左に交互に90度回します。これを繰り返します。

２つめの動作は、両腕を真上に伸ばし、次にそれぞれ左右にゆっくり広げます。この時も首を左右交互に回します。肩の運動にもなっています。

４）背中と脇腹を伸ばす

左手を後ろに回し手の甲を背中につけ、右手を頭上に手のひら上にして空にかざします。

逆の手でも繰り返します。

5）脇腹を伸ばす

脚を肩幅より広く開き、両手を真上に挙げて手のひらを合わせ、ゆっくりと上体を左に倒します。続いて右に倒します。深く倒します。

6）腰を回す

脚は肩幅に開いて、腰を右回転、左回転します。これはお馴染みの運動です。

7）ぶらぶら体操

腰と股関節の運動です。ＮＨＫで紹介されていましたが、下半身と脳を繋ぐ神経を刺激する体操だそうです。脚を肩幅より広く開いて、腰を左右にゆっくりと振ります。腕は腰に置いたり、ぶらぶらさせたりします。回数は50回以上がいいでしょう。

8）膝を曲げ伸ばして脚の筋肉を伸ばす

ここからは下半身の運動です。走る跳ぶ動作は下半身に大きな負担をかけるので、ここからの準備運動は念入りに行います。

脚の広げ方が3通りあります。順番が大切です。

まず脚を肩幅に開き、膝を曲げて腰を落とします。足の踵は地面につけたままにします。次に立ち上がり膝を手で押し伸ばし脚の後ろの筋肉を伸ばします。これを繰り返したあと、脚を肩幅の倍くらい開き（開脚）同じ動作を繰り返します。3つ目は脚を閉じて踵は地面につけ、同じ動作を繰り返します。

9）膝を回す

つま先立ちで膝の回転運動をするのでつま先の運動にもなっています。

まず両足を付けつま先立ちになりそれから膝を深く曲げます。お尻が踵につくまで沈めます。次に立ち上がって手で膝を後ろに押しながら脚の裏の筋肉を伸ばす運動を繰り返します。

次に両手を膝に置き中腰になって膝の回転を行います。膝を閉じて右回し左回しを行います。続いて膝を開き外から内へ回します。内から外へ回す運動も行います。

合計回数は8回×4になります。

10）股関節を開き脚の内側の筋肉を伸ばす

脚を大きく左右に開きます。左膝を曲げ腰を落としつつ右脚の内側筋肉を伸ばし、右股関節を開きます。この時、右足先を前方に向けての運動と足先を右（外）に向けての運動をそれぞれ行います。

逆脚での運動を繰り返し行います。

この運動は重要なので、回数は出来るだけ多く、合計20回×4以上がよいでしょう。

11）前後方向へ股関節を広げる

脚を前後方向へ大きく開きます。前方の膝は90度に曲がっています。

はじめの運動は、腰を沈めて（上体の上下運動で）股関節と後ろ脚の筋肉を伸ばします。この時の足首の向きは、前方と外向きの2種類がありますので両方とも行います。

逆脚でも同じ運動をします。

次に、初めの姿勢は同じですが、股関節の開きを前方の脚膝の曲げ伸ばしによって行います。

足首の向き2種類について行います。

全部で20回×8以上の運動をします。

12）足首とつま先の曲げ伸ばし

走る跳ぶ動作で大きな負荷のかかる足首とつま先の準備運動です。柔らかい地面の上で、つま先跳び（ジャンプ）を20回×3行います。

この運動は、脳にこれから強い運動（戦闘態勢）に入ることを意識させるためにも重要です。

以上の一連の準備運動は25分から30分ほどかかります。途中で足踏みをしたり、直立姿勢をとったりと気分を変える動作を取り入れながらします。

この準備運動で身体は活性化して、この後の練習や競技での怪我の予防になります。どれくらい活性化しているかというと、わたしの体験では運動能力が5－10％ほどアップしていると思われます。競技会で遅刻して、準備運動の時間が10分ほどしかとれないことが何回かありましたが、その場合の競技記録は普段のものより5％以上悪いのです。100メートル競走では5メートル以上遅れるわけです。

〈整理運動〉

わたしがマスターズ陸上競技を始めた当初は整理運動をしなかったのですが、練習が終わって数時間後に体を横にした時にふくらはぎなどに強烈な痛みを感じることがありました。張り薬で痛みは治まるのですが、とにかくこれまで経験したことのない痛みでした。血管が脈動・痙攣するためではないかと思います。

ある時から、次のように簡単な整理運動を取り入れたところ、この痛みの発生がなくなりました。後で気がついたのですが、整理運動が大切であることは筋トレの教科書にも書いてありました。

わたしの場合は、6分ほどの3つの「静止ストレッチ体操」です。

①壁やバーなどに両手をつき斜めに寄りかかり、脚のうしろの筋肉と血管を静かに伸ばします。12秒くらいを3回行います。

②腰を落としてつま先立ち（蹲踞の姿勢）で静止12秒を3回行います。太ももの表側の筋肉と血管が伸びます。

③脚を大きく広げて片膝を曲げ、反対脚の内側の筋肉と血管を伸ばします。12秒ずつ計6回行います。

これらの静的ストレッチ体操をしながら、呼吸を整えます。

一年のうち季節によって、土や芝生の上で走る跳ぶ運動をする時期と、屋内で筋トレをする時期があります。いずれの場合にも、これらの準備運動と整理運動は行います。

齋藤　衛（さいとう まもる）

1936年10月 群馬県生まれ
北海道大学理学研究科修了（理学博士）
京都大学名誉教授（宇宙物理学専攻）

凡才のあなたも日本一になれる　マスターズ陸上競技の楽しみ

2023年9月1日　第1刷発行
著　者　齋藤　衛
発行人　大杉　剛
発行所　株式会社 風詠社
〒553-0001 大阪市福島区海老江 5-2-2
大拓ビル 5 - 7 階
Tel 06（6136）8657　https://fueisha.com/
発売元　株式会社 星雲社
（共同出版社・流通責任出版社）
〒112-0005 東京都文京区水道 1-3-30
Tel 03（3868）3275
印刷・製本　シナノ印刷株式会社

ISBN978-4-434-32439-0 C0095